AF359834

CATALOGUE N° 30

Collection d'un Amateur Dijonnais

MONNAIES ET JETONS

BOURGOGNE, BRESSE ET FRANCHE-COMTÉ

PRIX : 1 FRANC

EN VENTE

Chez J. FLORANGE, Expert en Médailles

17, RUE DE LA BANQUE

PARIS (IIᵉ)

1907

COLLECTION D'UN AMATEUR DIJONNAIS

Bourgogne, Bresse et Franche-Comté.

Jeanne de Bourgogne, première femme de Philippe VI, roi de France.

1 OMA ASEL TORSRV (AMOVRS ROT-
LESA en légende rétrograde). Écu parti de
Bourgogne-ancien et de France. R'. Croix fleu-
ronnée et cantonnée de quatre fleurs de lis, dans
un quadrilobe (C. Rouyer 270, avers). Laiton.
TB. 40 »

2 TMVO etc. Écu parti de France et de Bourgogne.
R'. IOA etc. Croix fleurdelisée dans un quadri-
lobe (A., I, 16)[1]. Laiton . . . . TB. 35 »

3 ✠CATS· etc. Écu précédent, mais l'écu de Bourgogne sans la bordure. R'. ✠GETES: etc. Croix
fleurdelisée dans un quadrilobe (A., I, 17). Laiton.
AB. 15 »

4 Avers précédent. R'. ✠ PAR AMOVRS : SVI :
DOVRE : BER· Croix fleurdelisée dans un qua-
drilobe. Laiton . . . . AB. 15 »

5 °AETLE° °AV°DAN° ·AVARE· Écu précé-
dent. R'. ✠ PAR AMOVR * SIT * DONESB
Croix fleurdelisée dans un quadrilobe (A. I, 18).
Laiton . . . . TB. 55 »

6 Avers précédent. R'. légèrement varié (A. I, 19).
Laiton . . . . Usé. 12 »

---

1. A suivi d'un chiffre latin et d'un chiffre arabe = *Armorial du Jeto-
nophile*. 1ᵉʳ ou 2ᵉ volume et le numéro.

7 ×AMR× ×LBVOR× ×MORE× Écu du n° 2. R̵.
  ·PR· ·CP· (·O R·) ·I·O· Croix du n° 1 (C.
  Rouyer 266 var.). Laiton.............. B. 25 »

8 Avers précédent. R̵. ·CCT· ·CSP· ·AR· ·MO·
  Croix précédente. Laiton................ B. 30 »

9 ×AVC× ×MARI× ×A CRA. Écu précédent. R̵.
  ✠R... VT.... T SA.. T. Croix fleurdelisée dans
  un quadrilobe. Laiton......... AB. Ébréché. 10 »

PHILIPPE LE HARDI

10 ×AVC MARIA ⚜ CRACIA. Écu écartelé de
   Bourgogne ancien et de Bourgogne moderne.
   R̵. Croix fleurdelisée cantonnée des lettres M
   et A. Laiton...................... TB. 15 »

11 Autre variété. Laiton épais............. B. 8 »

12   —   (*Revue belge*, 1876, pl. IV, fig. 1
   var.). Cuiv..................... B. 4 »

13 ✠ PHIPC : DVC : DCBOVRCOVCRC ✠
   Écu du n° 10, mais surmonté d'une petite couronne royale et accosté des lettres P et M, ini-
   tiales de Philippe et de Marguerite de Flandre,
   son épouse. R̵. : CORTC·DC·FLARDRCS·
   CORTC ·DART. Croix fleuronnée et cantonnée de P, du lion de Flandre, de M et d'une
   couronne royale (Cat. Rouyer 385-Fontenay,
   p. 248). Laiton................. TB. 25 »

14 Marguerite de Flandre, son épouse. Légendes
   rognées. Écu parti de Bourgogne ancien et
   moderne et de Flandre et croix fleuronnée (Cat.
   Rouyer, 387). Laiton................ AB. 15 »

PHILIPPE LE BON

15 ✠ VIVC × LC × DVC × VIVC × LC × DVC.
   Caillou entouré de flammes et de quatre bri-

quets. ℞. ✠ DE BIEN BOIRE, etc. Croix
fleuronnée (A. I, 437). Laiton......... TB.　15　»

16 ✠ VIVE ❀ BOVRGONGNE ❀ VIVE
❀ Briquet posé sur un caillou au-dessus de
deux bâtons enflammés. ℞. ✠ GETTES ❀
SEVREMENT * GETTES * Croix fleuron-
née et cantonnée de quatre fleurs de lis (A. I,
438 var.). Laiton................... TB.　15　»

17 Autre variété. Laiton................. TB.　15　»
18 　　—　　　　　—　　　　　　　B.　10　»
19 　　—　　　　　—　　　　　　　TB.　15　»
20 　　—　　　　(Cat. Rouyer 401). Laiton... B.　10　»
21 　　—　　　　au-dessus du briquet, le petit écusson de Flandre (A. I, 439). Laiton..... B.　20　»

22 ✠ SIL*VOVS *PLAISOIT * AMOI AMER.
Trois briquets enflammés. ℞. ✠ IETES *
SEVREMENT*IETES◀◀◀* Croix fleur-
delisée et cantonnée de 4 couronnes. Laiton.
　　　　　　　　　　　　　　　B.　30　»

23 * IETTES IETTES IETTES * SEVRE-
MENT. Trois briquets enflammés. ℞. ♔ AF. *
OVE * VOVS * DE * MESCOMTES *
Croix fleuronnée (Cat. Rouyer 403). Lait.　B.　20 »

24 ✠ VIVE * BOVRGONGNE etc. Écu écartelé de
Bourgogne moderne, de Bourgogne ancienne-
Brabant, de Bourgogne ancienne-Limbourg et
sur le tout de Flandre. ℞. Croix fleurdelisée et
cantonnée de quatre trèfles couronnés (A. I,
441). Laiton...................... B.　20　»

25 ✠ GETTOIRS : DV : BVREAV : DE :
MONS : Champ aux armes précédentes. ℞.
QVI : BIEN : CONTERA : LE : CONTE
: TRO. Briquet sur caillou, au-dessous, flamme
et bâton noueux enflammé. Cuiv...... TB.　30　»

26 ⁑ GETTOIRS ⁑ DV ⁑ BVREAV ⁑ DE ⁑
MONS ⁑ LE ⁑ DVC. Champ précédent : ℞.
pareil au précédent. Laiton...... ...... B.　25　»

27 + GETOIS : DV : BVREAV : DE : MONS
: LE : D : Champ précédent. R'. + QVI
: BIEN : GETERA : LE : COMTE :
TROV :. Croix fleuronnée et cantonné de
4 trèfles. Laiton. TB. Jolie patine verte...... 35 »

28 ·IETTOIRS : DV : BVRAV : DE : MŌSI-
GNEVR : LE : DVC. Champ précédent. R'.
❋ TEN : TREVVE : LE : COTE : QVI
: NA : MIE : SEN : COTE. Briquet
comme au nᵒ 25. Cuiv............... TB. 28 »

29 Isabelle de Portugal, épouse de Philippe le Bon.
: Bettoire + du + bureau + dê madame lâ
duchesse. Écu en losange, parti de Bourgogne et du Portugal. R'. Autre × naray ×
tant × que × ie × vivre. Les lettres q et y dans
une clôture (Cat. Rouyer 391). Cuiv. TB.
Patine verte........................... 80 »

30 (Petit lion) DE : LARCHEDVC : PHLPE :
DVC : DE : BVG. Buste de l'archiduc
Philippe le Beau, à g. R'. (Briquet) DV :
DVC : PHLIPE : DVC : DE :
BOVRGONG : Écusson suspendu par un
ruban (Cat. Rouyer 602 var.) Étain bronzé. B. 3 »

31 Charles le Téméraire, comte de Charolais. Lion
assis dans un épicycloïde de 8 lobes. R . Armes
de Bourgogne dans un épicycloïde (A. II, 531).
Cuiv.................................. B. 20 »

32 Louis XIV. Son buste. R'. La famille royale, parmi
laquelle on voit le buste de Louis, duc de
Bourgogne. Jeton de 1693 (A. I, 174). Cuiv.
TB. 5 »

33 Marie-Adélaïde de Savoie, duchesse de Bourgogne,
1700 (A. II, 181). Cuiv............. TB. 7 »
34 — 1701 (A. II, 182). Arg............ FDC. 25 »
35 — 1701. Réduction du jeton précédent (Pro-
mis 66). Cuiv. 18 millim...... .... TB. 15 »
36 — 1702 (A. II, 185). Cuiv........... AB. 4 »

37 — 1703. Argent...................... TB. 20 »
38 — 1703. Cuiv...................... B. 5 »
39 — 1704 (A. II, 187). Argent........... TB. 20 »
40 — 1704 (A. II, 186). Cuivre........... TB. 7 »
41 — 1705. Argent...................... FDC. 25 »
42 — 1705. Cuivre.................... Usé. 2 »
42 *bis* — 1706. Écus accolés de France et de Savoie
    sur un cartouche couronné. R'. Chiffre cou-
    ronné (Gaz. numism., 1898, n° 306-A. II,
    188). Arg. octog .... TB. 30 »
43 — 1707 (A. II, 190). Cuiv............ TB. 7 »
44 — 1708 (A. II, 191). Argent......... FDC. 25 »
45 — 1708 (A. II, 192). Cuivre jaune..... TB. 8 »
46 — 1709 (A. II, 193). Argent.......... TB. 20 »
47 — 1709 Cuivre..... .... FDC. 7 »
48 — 1710 (A. II, 194). Argent.......... TB. 20 »
49 — 1711 (A. II, 195). Arg............. TB. 30 »
50 — 1711 (A. II, 196). Cuiv........... FDC. 10 »
51 — 1712 (A. II, 197). Argent......... FDC. 35 »
52 Bustes du duc et de la duchesse de Bourgogne
    accolés à dr. R'. Inscription en 16 lignes rap-
    pelant l'hommage du 3ᵉ livre des *Métamor-*
    phoses d'Ovide, par J. Roussel, 1711 (*Journal*
    de la soc. d'arch. lorraine, 1878, p. 162). Cuiv.
                                         TB. 20 »
53 Naissance du duc de Bourgogne, 1751. Jeton au
    nom du marquis de Paulmy, ambassadeur à
    Soleure. Arg..................... TB. 30 »
54 Marie-Josèphe de Saxe, dauphine. Ses armes. R'.
    JETTON - DE - MONSEIGNEUR-LE-DUC DE-
    BOURGOGNE-1758 (Roman, n° 67 avers).
    Cuiv. octogone. Mélange de coins..... TB. 6 »

États de Bourgogne [1].

55 Sans date = 1575 (269). Laiton........... TB. 15 »

1. Les nᵒˢ entre parenthèses, précédés d'aucune autre indication, se
rapportent à l'ouvrage de Fontenay.

56 Sans date. Avers précédent. R'. du Conseil du roi
    Laiton . . . . TB. 20 »
57 1580 (269). Laiton. TB. 12 »
58 1580 (270) — . . . . TB. 10 »
59 1584 (271) — . . . . FDC. 15 »
60 1587 Revers du nº 737 du 1ᵉʳ vol. de l'*Armorial*
    du Jetonophile (271). Laiton. . . . . TB. 15 »
61 1591 (272). Laiton. . . . . B. 12 »
62 1591 Même que le précédent (272). Cuiv. . . . TB. 15 »
63 1600 (274). Argent . . . . TB. 35 »
64 1600 (274). Laiton. TB. 10 »
65 1602 Allusion à la naissance du dauphin (275).
    Laiton . . . . TB. 8 »
66 1605 (275). Laiton. TB. 15 »
67 1609. Gentilhomme donnant la main au dauphin
    Louis et à son frère Gaston (276). Laiton. TB. 10 »
68 1611 (276). Laiton. TB. 8 »
69 1614 (277) — Patine verte . . . . TB. 10 »
70 1619 (277) — . . . . TB. 8 »
71 1623 (278) — . . . . TB. 6 »
72 1627 (279) — . . . . TB. 6 »
73 1630 (280) — . . . . TB. 8 »
74 1634 (281) — . . . . TB. 6 »
75 1636 (281) Cuivre. . . . . TB. 5 »
76 1639 Allusion à la naissance du dauphin (282). Arg.
                                     TB. 35 »
77 1639 (282) Laiton. . . . . TB. 3 50
78 1642 (282). Cuivre. Patine verte. . . . . TB. 4 »
79 1645 (283). —   — . . . . TB. 3 50
80 1648 (284). Laiton et cuivre. . . . . TB. à 3 »
81 1651 (285). Cuivre. FDC. 3 »
82 1653 (286). Cuivre. TB. 3 »
82 *bis*. 1653. Revers de la 3ᵉ prévôté de Cl. Pelletier,
    de Paris. Laiton. . . . . B. 6 »
83 1657 (286). Cuivre. TB. 2 »
84 1659 (287) — . . . . TB. 2 »
85 1662 (288) — . . . . TB. 2 »

86	1665 (289) —	TB.	2	»
87	1665 Légère variété de dessin (289 var.). Cuiv. refrappé?	TB.	5	»
88	1668 (290). Cuiv	FDC.	3	50
88 *bis*	1668. Même pièce, mais les armes de Bourgogne sont remplacées par le buste de Louis XIV. Cuiv	TB.	6	»
89	1671 (291) —	TB.	2	»
90	1674 (291). —	TB.	2	50
91	1674. Autre variété avec les pattes du lion non repliées. Cuiv	TB.	5	»
91 *bis*	1674. Même pièce, avec le buste de Louis XIV au droit. Cuiv	TB.	8	»
92	1676 (293). Cuiv	TB.	2	»
93	1677 (294). —	TB.	2	»
94	1678 (293). —	TB.	2	»
95	1680 (295). Argent	TB.	18	»
96	1680 (295). Cuivre	TB.	1	50
97	1682 (296). Argent	TB.	20	»
98	1682 (296). Cuivre	TB.	3	»
99	1686 (297). Laiton	TB.	2	»
100	1688 (297). Argent	TB.	12	»
101	1688 (297). Cuivre	TB.	2	»
102	1692 (298). —	TB.	2	»
103	1694 (298). Argent	FDC.	18	»
104	1694 (298). Cuivre	TB.	2	»
105	1698 (299). Argent	TB.	15	»
106	1698 (299). Cuivre	FDC.	3	»
107	1701 (300). Cuivre	TB.	2	»
108	1704 (300). Argent	TB.	18	»
109	1704 (300). Cuivre	TB.	2	»
110	1707 (300). Argent	TB.	15	»
111	1707 (300). Cuivre	TB.	2	»
112	1710 (301). Argent	TB.	20	»
113	1710 (301). Cuivre	FDC.	2	»
114	1713 (301). —	FDC.	2	»
115	1715 (302). —	FDC.	2	»

116	1719	(302).	—	TB.	2	»
117	1722	(303).	Argent	FDC.	18	»
118	1722	303).	Cuivre	TB.	2	»
119	1725	(303).	Argent	FDC.	12	»
120	1725	(303).	Cuivre	FDC.	2	»
121	1728	(304).	Argent	TB.	12	»
122	1728	(304).	Cuivre	TB.	2	50
123	1731	(304).	Argent	FDC.	15	»
124	1731	(304).	Cuivre	FDC.	2	»
125	1735	(305).	—	FDC.	3	»
126	1737	(305).	Argent	TB.	20	»
127	1737	(305).	Cuivre	FDC.	2	»
128	1740	(306).	Argent	TB.	15	»
129	1740	(306).	Cuivre	TB.	1	50
130	1743	(306).	Argent	TB.	15	»
131	1743	(306).	Cuivre	TB.	1	50
132	1746	(306).	Argent	TB.	12	»
133	1746	(306).	Cuivre	TB.	1	50
134	1749	(306).	Argent	TB.	15	»
135	1749	(306).	Cuivre	FDC.	2	»
136	1752	(307).	Argent	FDC.	15	»
137	—	—	Cuivre	FDC.	2	»
138	1755	—	Argent	FDC.	12	»
139	—		Étain bronzé	TB.	1	50
140	1758		Argent	TB.	8	»
141	1761		—	FDC.	10	»
142	1761		Cuivre refrappé	FDC.	4	»
143	1764		Argent	TB.	8	»
144	1767		Cuivre refrappé	TB.	3	»
145	1770		Argent	TB.	8	»
146	—		Cuivre refrappé	FDC.	3	»
147	1773		Argent	TB.	8	»
148	—		Cuivre refrappé	FDC.	3	»
149	1776		Argent	TB.	8	»
150	—		Cuivre refrappé	TB.	2	»
151	1779		Argent	FDC.	10	»
152	—		Cuivre refrappé	TB.	2	»

153	1782	Argent	TB.	8	»
154	—	Cuivre refrappé	TB.	2	»
155	1785	Argent	FDC.	8	»
156	—	Cuivre refrappé	FDC.	2	»
157	1789 (308) Argent		FDC.	10	»
158	—	— Cuivre refrappé	FDC.	2	»

Élus des États, etc.

159 1623. J. Palatin de Dio, baron de Montpéroux. Légende. Écu parti de Palatin et de Damas. R'. du jeton suivant. Laiton . . . . B. 25 »

160 1623. Ph. Baillet, doyen de l'église de N.-D. de Beaune (308-A. I, 337). Laiton . . . . . . TB. 8 »

161 1623. Fr. de Gissey (309-A. II, 955). Lait. TB. 8 »

162 1634. Ph. Baillet (A. I, 338). Cuiv . . . . . TB. 10 »

163 1678. Thésut, doyen de Saint-Georges de Chalon (309). Cuiv . . . . TB. 10 »

164 1678 Louis de Thésut, seigneur de Champousset Écusson casqué R'. précédent. Cuiv . . . . TB. 18 »

165 S. d. (1694). Gadagne d'Hostun, comte de Verdun (298 et 310-A. I, 653). Cuiv . . . TB. 7 »

166 1695. Le même. Autre variété 310-A. I, 654. Cuiv . . . . TB. 6 »

167 1695. Julien, secrétaire (311-A. II, 1113). TB. 7 »

168 1698. Bretagne de Valcroissant, maître des requêtes. R'. aux armes des États (311-A. II, 550). Étain bronzé . . . . TB. 5 »

169 1698. Fr. de Choiseul, seigneur de Chevigny, et Paule de la Rivière, sa femme. R'. précédent. Étain bronzé . . . . B. 5 »

170 1701. Fyot, abbé de Saint-Étienne de Dijon. R' du jeton des États de 1701 (300 et 312-A. I, 649). Cuiv . . . . TB. 10 »

171 1701. Sonois, maire de Nuits. R'. précédent 312. -A. I, 1221). Cuiv . . . . TB. 4 »

172 1704. Le Gouz, doyen de Saint-Georges de Chalon. R'. du 168 (314-A. II, 1250). Cuiv. TB. 12 »

173 1704. Cte de Foudras. R'. précédent (315-A. 1,
633). Cuiv............. .... FDC. 10 »

174 1704. La Ramisse, maire de Saint-Jean de Losne.
R'. précédent (315-A. 1, 779). Cuiv.... TB. 4 »

175 1704. Comte de Berbis. R'. précédent. Étain
bronzé....................... .... TB. 5 »

176 S. d. (1707). Sercey. R'. précédent (316-A. 1,
1209). Cuiv... .... TB. 6 »

177 1707. Sercey. R'. du jeton au vaisseau des États
(316-A. 1, 1209). Cuiv.............. TB. 6 »

178 1707. Challemoux, maire de Bourbon-Lancy. R'.
précédent (316). Cuiv................ B. 7 »

179 1707. Cte Chartraire de Montigny, trésorier des
États. R'. précédent (317-A. II, 625). Cuiv. TB. 5 »

180 1710. Marion de Druy, abbé de Sainte-Marie de
Regny (317, Manasdau-A. 1, 917). Cuiv. TB. 15 »

181 1710. Lemulier, maire de Semur (317-A. 1, 840).
Arg.............................. FDC. 10 »

182 1710. Le même. Cuiv.................. TB. 3 »

183 1710. Ville (318-A. 1, 1291). Cuiv.. .... TB. 6 »

184 1710. Pernes d'Épinac (318-A. 1, 1046). Cuiv.
FDC. 12 »

185 1710. Mielle, procureur au Parlement (319-A. 1,
974). Cuiv........ .... TB. 5 »

186 1710. La Forêt, maire perpétuel de Montbard
(319). Cuiv...................... TB. 20 »

187 1713. Comte Chartraire de Montigny. Avers
du n° 179. R'. des États. Arg.......... TB. 20 »

*Ce jeton pourrait également appartenir à François Char-
traire de Bourbonne, comte de Bierre, qui était conseiller
au Parlement de Bourgogne à cette époque.*

188 1713. Marquis Chartraire de Saint-Aignan. R'
précédent. Cuiv. .... B. 10 »

189 1713. Challemoux. R'. précédent. Cuiv.. TB. 8 »

190 S. d. Challemoux. R'. du n° 185 (A. II, 600).
   Cuiv.......... .... TB.   7   »
191 S. d. Labotte, maire de Dijon. R'. précédent
   (Preux, p. 8). Cuiv................. TB.   6   »
192 S. d. Cronembourg, seigneur de Jambles. R'. précédent (319-A. II, 717). Cuiv........ TB.   15   »
193 S. d. = 1719. Comte Chartraire. Avers du n° 179.
   R'. précédent (A. I, 496). Cuiv..... FDC.   5   »
194 1719. Pons, seigneur de Verdun (321-A. I,
   1075). Cuiv... .... TB.   8   »
195 1719. Thyard de Bissy (324). Cuiv..... FDC.   15   »
196 1722. V.-Am. de la Fage (A. I, 751). Arg.   TB.   25   »
197 1722. Mis de Vienne (321-A. I, 1272). Cuiv. TB.   5   »
198 1725. Marquis Chartraire de Saint-Aignan.
   Avers du n° 188. Cuiv .... TB.   10   »
198 *bis* 1725. Blitterswick de Moncley (Ant.-François
   de), évêque d'Autun, président-né et perpétuel
   des États-Anépigraphe. Cartouche à ses armes
   B'. des États de 1725 (cadran solaire). Étain
   bronzé .... TB.   10   »

199 1725. Langeac, marquis de Coligny (322-A. II,
   1156). Étain bronzé................. TB.   5   »
200 S. d. Thyard de Bissy (Jacques, gouv' d'Auxonne ?).
   Avers du n° 195. R'. Armes des États (A. II,
   1799). Cuiv....................... TB.   15   »
201 S. d. Cronembourg. Avers du n° 192. R'. précédent. Cuiv....................... .... B.   10   »

202 S. d. La Briffe. Anépigraphe. R'. précédent. Coin
de Duvivier. Cuiv.................... .... TB. 20 »
*Sans doute Louis-Arnaud de la Briffe de Ferrière, cons.
au Parlement de 1727 à 1734.*

203 S. d. Massol de Montmoyen. Anépigraphe. R'.
précédent (322-A. II, 1450). Cuiv.... TB. 20 »

204 S. d. Morelet de Couchet. Anépigraphe. R'. précédent (323). Étain bronzé.. .... TB. 5 »
— Florent-Claude du Châtelet, élu en 1727. *Voyez
n° 483.*

205 1731. Moreau. Anépigraphe. R'. précédent (323).
Étain bronzé........ .... TB. 5 »

206 1737. La Tournelle, seigneur de Cussy. R'. précédent mais la couronne ornée de rubans (325-
A. I, 797). Cuiv................... TB. 10 »

207 1737. Nic. Pourcher, maire de Nuits (A. I,
1085). Étain .... B. 5 »

208 S. d. Le même. Autre variété. Étain bronzé.
TB. 5 »

209 S. d. = 1734. Jarry de la Jarrie (Joseph), seigneur de Cessey. R'. du n° 205 (A. II, 1096 *bis.*
var.). Arg................ .... .. TB. 35 »

210 S. d. Séguin de la Motte et de Broin, officier de
la chancellerie du Parlement. R'. précédent.
Coin de Duvivier (A. II, 1757). Cuiv... TB. 30 »

211 1740. Nic.-Et. Chaugy, comte de Roussillon (A.
II, 633). Étain octogone bronzé. Coin de
Duvivier .... TB. 5 »

212 1746. André-Claude de Thyard de Bissy (326-A.
II, 1798). Cuiv .. .. FDC. 15 »

213 1746. Pernot d'Escrots, abbé de Citeaux (326-A.
I, 1047). Cuiv.................... TB. 12 »

214 1755. Séguin. Avers du n° 210 (A. II, 1757). Arg.
TB. 50 »

215 1755. Fr. Trouvé de Champagne, abbé de Citeaux
(Preux, p. 12-A. II, 1813). Arg........ TB. 50 »

216 1755. Ét.-Marie, marquis de Scorailles. Coin de
    Duvivier. Étain bronzé............... TB.   5 »

217 1764. Séguin. Avers du nᵒ 214 (A. II, 1757). Arg.
    TB. 50 »

218 1764. Chastellux (Ph.-L. mⁱˢ de), seigneur de
    Nemois. Cuiv.................. TB. 30 »

219 1767. Marquis de Rigoley (326-A. II, 1657).
    Arg. Coin de Duvivier....... .... TB. 35 »

220 — Avers précédent. Rˈ. des États de 1725. Cuiv.
    Mélange de coins ?............... FDC. 15 »

221 1767. François-Louis-Ant., comte de Bourbon-
    Busset. Étain bronzé..... .... TB. 5 »

222 1770. Thyard de Bissy. Avers du nᵒ 200. Cuiv.
    Mélange de coins ?................ FDC. 12 »
Sans doute M. de Thyard, seigneur de Juilly, élu en 1769.

223 1782. Bernard, vicomte de Sassenay et de Chalon
    (329-A. II, 441). Arg.... .... FDC. 40 »

224 — Le même. Cuiv...... .... TB. 28 »

225 1790. Gueneau d'Aumont, maire de Semur (330.
    — A. II, 998). Arg............... ... TB. 15 »

226 — Le même. Cuiv. refrappé ?......... FDC. 15 »

227 1790. Vicomte de Bourbon-Busset (A. II. 523).
    Cuiv. octog..................... FDC. 20 »

228 Chambre des Élus généraux, 1696 (294). Cuiv.
    FDC. 15 »

229 — Autre variété au revers des francs-fiefs de
    Bourgogne. Cuiv.................. FDC. 15 »

INTENDANTS EN BOURGOGNE ET BRESSE

230 Fl. d'Argouges, 1689 (A. II, 352). Cuiv.. TB. 20 »
231 -- Autre variété, s. d. Rˈ. du nᵒ 229. Cuiv. TB. 20 »
232 Ferrand, 1701 (313 — A. I, 614). Cuiv.. TB. 12 »
233 — 1705 (A. I, 615). Cuiv. percé..... B. 4 »
234 A. Pinon, 1705 (A. I, 1594). Étain bronzé. TB. 5 »
235 La Briffe, s. d. (320). Cuiv.......... ... TB. 10 »
236 — Autre variété, 1713 (A. I, 744). Cuiv. TB. 8 »

CHAMBRE DES COMPTES

237 ✠ CE : SONT : LES : GETOVERS :
DE : LA. Champ du n° 25. R'. ✠ CHAM-
BRE : DES : COMPTES : A : OIIO
Briquet comme au n° 25 (Cat. Robert, 2210).
Cuiv. (*Voyez aussi n°* 16 à 30)...... TB.   75   »

238 Louis XI. LVDOVICVS ⁚ FRANCORVM ⁚
REX. Croix pattée dans un quadrilobe. R'.
PRO GENTIBVS COMPOTOR BVRG.
Écu de France entouré de l'ordre de Saint-
Michel. Cuiv..... .... TB.   55   »

239 Charles VIII. ✳ KAROLVS ⁚ FRANCO-
RVM ⁚ REX. Croix précédente. R'. précédent.
(*Bulletin de numismatique*, 1891, p. 138).
Cuiv. B. Très rare....................   75   »

240 Louis XII. Écusson et chiffre. Cuiv.....   TB.   20   »
241 François Iᵉʳ. 1525. F. et la salamandre. Cuivre TB.   20   »
242   —   1526.   —   — TB.   25   »
243   —   s. d.   —   —   — B.   15   »
244   —   1532. F et écusson. Laiton...   B.   15   »
245   —   1540. Salamandre et écusson. Laiton.

                                               TB.   15   »
246   —   1543. Types précédents Cuiv. TB.   15   »
247   —   s. d. F. et écusson.. . Cuiv. TB.   15   »
248 Henri II. S. d. (336). Cuivre.......... . TB.   15   »
249   —   S. d.   —   .... B.   20   »
250   1554.   —   .... TB.   15   »
251   1556 (335)   —   .... TB.   25   »
252   1557.   —   .... TB.   15   »
253 François II. 1559.   —   .... TB.   6   »
254 Charles IX. 1563. Cuivre .... TB.   15   »
255   —   1565.   —   .... TB.   8   »
256   —   1569. (336) —   .... B.   6   »
257 Henri IV. 1606. Laiton............... TB.   30   »
258 Louis XIV. 1648. (338). Cuiv......... ... TB.   2   »

MAIRES DE DIJON [1]

259 J. de Saulx (Préau, 2-A. II, 1738 var.). Lait.   B.   50   »
260   — Autre variété (Préau, 4). Lait.   TB.   50   »
261 Bénigne de Cirey. 1509 (I, 1). Lait........   B.   40   »
262 J. Noël. 1531 (I, 3). Lait..............   B.   30   »
263 P. Sayve. 1536 (I, 4). Cuiv...........   TB.   35   »
264 J. Le Marlet. 1540 (I, 5). Cuiv..........   TB.   30   »
265 J. Jacquot. 1548 (I, 6). Cuiv...........   B.   25   »
266 G. Berbisey. 1553 (I, 7-A. II, 435). Cuiv.   TB.   30   »
267 Bénigne Martin. 1557 (p. 138, n° 3-A. II, 1442).
        Cuiv.... ....   TB.   35   »
268 — 1559 (I, 8-A, II, 1443). Cuiv..... . ..   B.   20   »
269 J. Maillard. 1560 (I, 9-A. II, 1412). Cuiv..   TB.   30   »
270   — 1561 (p. 51 et 139-A. II, 1413).
        Étain bronzé........................   B.   4   »
271 B. Martin. 1564 (I, 10-A. II, 1444). Cuiv.   TB.   50   »
272 J. La Verne. 1566 (II, 11-A. II, 1199). Cuiv.   TB.   20   »
273 H. Tisserand. 1569 (II, 12). Cuiv........   TB.   20   »
274 — Autre var. 1570. Cuiv...............   B.   20   »
275 — 1571 (II, 13). Cuiv..... ....   TB.   18   »
276 Guillaume Millière. 1571 (II, 14-A. II, 1480).
        Étain bronzé.......................   TB.   4   »
277 — Autre var. 1572. Cuiv.... ....   TB.   35   »
278 — Autre var. 1572. R'. Armes de L. de Laube,
        trésorier de France à Dijon 1569. Cuiv...   B.   60   »

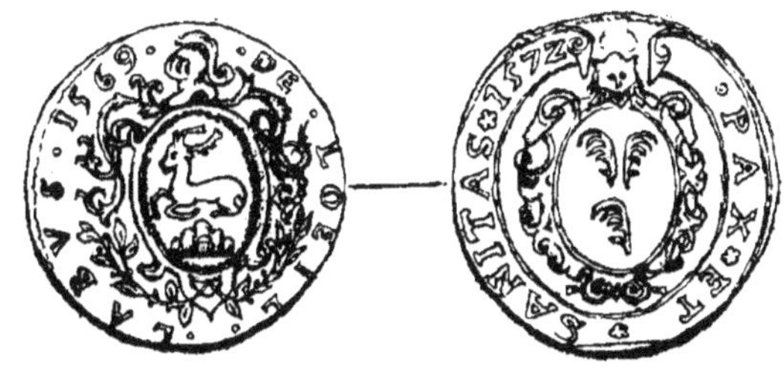

1. Les numéros entre parenthèses se rapportent aux planches de
l'ouvrage d'Amanton et à l'Armorial, sauf indication contraire,

279 Bernard Desbarres. 1575 (II, 15-A. II, 751). Lait.

TB. 30 »

280 J. Le Marlet. 1578 (II, 16-A. II, 1256). Cuiv. B. 20 »

281 Jean Petit. 1580 (II, 17). Lait. . . . . TB. 25 »

282 Guill. Royhier. 1581 (II, 18). Cuiv. Patine verte.

TB. 15 »

283 — Le même en laiton. . . . . TB. 12 »

284 — 1581 (II, 19-A. I, 1171). Cuiv. . . . . . . TB. 8 »

285 — Autre var. dans la ponctuation et le dessin
    des feuillages. 1581. Cuiv. . . . . TB. 7 »

286 Pierre Bouhier. 1584 (II, 20). Cuiv. Patine verte.

TB. 10 »

287 J. Laverne, s. d. (III, 21-A. I, 805). Lait. TB. 8 »

288 — 1590 (III, 22-A. I, 806). Lait. . . . . . . TB. 6 »

289 — 1591 (III, 23-A. I, 807). Lait. . . . . . . TB. 10 »

290 — 1592 (III, 24-A. II, 1200). Lait. . . . . . TB. 10 »

291 René Fleutelot. 1594 (III, 25-A. I, 627). Cuiv.

B. 12 »

292 — Le même. Lait. . . . . TB. 15 »

293 — 1594. Autre var. (III, 26-A. I, 626). Cuiv.

TB. 6 »

294 — 1595 (III, 27). Lait. . . . . B. 6 »

295 B. Frémiot. 1596 (III, 28). Cuiv. . . . . . . FDC. 20 »

296 — 1597 (III, 29-A. II, 912). Lait. . . . . . . TB. 5 »

297 J. Jacquinot. 1600 (III, 30-A. I, 728). Lait.

TB. 4 »

298 J. de Frasans. 1603 (IV, 31-A. II, 911). Lait. TB. 3 »

299 — 1604 (IV, 32-A. II, 911). Lait. . . . . . . TB. 3 »

300 Edme Joly. 1605 (IV, 33-A. I, 731). Lait. TB. 3 »

301 Jean Perrot. 1606 (IV, 34-A. II, 1578). Lait. TB. 3 »

302 Ét. de Loisie, 1607 (IV, 35-A. II, 1324). Lait.

TB. 3 »

303 J. de Frasans. 1608 (IV, 36-A. II, 911). Lait.

TB. 5 »

304 Ét. Humbert. 1610 (IV, 37-A. II, 1075). Lait.

TB. 2 50

305 N. Humbert. 1611 et 1612 (IV, 38 et 39-A. II,
    1076 et 1077). Lait.. .... TB. à 2 50
306 Jacques Bossuet. 1613 et 1614 (IV, 40 et V, 41-A.
    I, 424 et II, 501). Lait.. .... TB. à 3 50
307 E. Joly. 1615 et 1616 (V, 42 et 43-A. I, 732). Lait.
                                          TB. à 2 50
308 Et. Arviset. 1616 (V, 44-A. I, 321). Lait.... TB. 6 »
309 — 1617 (V, 45-A. II, 358). Lait.... .... TB. 3 »
310 P. Fourneret. 1618 (V, 46-A. I, 641). Lait. TB. 4 »
311 J. Venot. 1619 (V, 47-A. II, 1830). Laiton. Jolie
    patine verte........................ TB. 8 »
312 — 1620 (V, 48-A. I, 1268). Lait..... .. TB. 5 »
313 B. Le Compasseur. 1621 et 1622 (V, 49 et 50.
    -A. I, 819 et 820). Lait........ ...... TB. à 2 »
314 Jean Tisserand. 1623 et 1624 (VI, 51 et 52-A.
    I, 1252 et II, 1806). Lait.......... .. TB. à 3 »
315 J. de Frasans. 1625 et 1627 (VI, 53 et 54-A. II,
    910). Lait.................. ...... TB. à 2 50
316 — Le même jeton 1627 avec FRSANS (XV, 54).
    Laiton............................. TB 7 »
317 Et. Humbert. 1627 et 1628 (VI, 55 et 56-A. II,
    1075). Laiton.. .... TB. à 2 50
318 B. Euvrard. 1629 (VI, 57-A. I, 595). Lait. TB. 3 »
319 — Autre variété de coin. Lait.......... TB. 7 »
320 P. Terrion. 1630 (VI, 58). Lait......... TB. 5 »
321 J. de Frasans. 1631 (VI, 59-A. II, 910). Cuiv.
                                          TB. 2 50
322 — 1632 et 1633 (VI, 60 et 61-A. II, 910). Lait.
                                          TB. à 3 »
323 J. Tisserand. 1635 (VII, 62-A. II, 1806). Lait.
                                        FDC. 1 »
324 F. Moreau. 1636, 1637 et 1638 (VII, 63, 64 et
    65-A. I, 1002 et 1003). Lait... .... TB. à 4 »
325 J. de Frasans. 1638 (VII, 66-A. I, 644). Lait.
                                        TB. 2 50
326 — 1639 (VII, 67-A. I, 645). Lait........ TB 7 »
327 R. Perret. 1640 (VII, 68). Lait.......... TB. 3 »

*

328 P. Terrion. 1641 (VII, 69). Argent........ .TB.   25   »
329 — Le même (A. I, 1240). Lait.........   TB.   3 50
330 — 1642 (VII, 70). Arg............ FDC.   28   »
331 — Le même (A. I, 1241). Lait.........   TB.   1   »
332 P. Comeau. 1643 et 1645 (VIII 71 et 73-A. II.
        681). Lait.............. ..   TB. à 2 50
333 — 1644 (VIII. 72-A. II, 681). Lait......   TB.   5   »
334 J. Soirot. 1645 et 1646 (VIII. 74 et 75)-A. II, 1769).
        Cuiv.................   TB. à 3   »
335 Cl. Bossuet. 1647 (VIII. 76-A. I. 423). Cuiv..   TB.   3   »
336 Ch. Emm. de Mongey, 1649 (VIII. 77- A. II,
        1488). Lait............. .....   TB.   2 50
337 M.-A. Millotet. 1651 (VIII. 78). Lait....   TB.   2 50
338 Maleteste. 1652 (VIII. 79-A. I.935). Cuiv.   TB.   3   »
339 M. A. Millotet. 1653 et 1654 (VIII, 80-A. I. 975).
        Lait.................   TB.   2 50
340 — 1654 (IX. 81-A. II. 1481). Cuiv.......   TB. à 2 50
341 J. Soirot. 1654 (IX. 82-A. II, 1769). Cuiv.   TB.   2 50
342 J. Siredey. 1655 (IX. 83-A. I. 1219). Lait.   TB.   2 50
343 — 1656 (IX. 84-A. II, 1768). Cuiv......   TB.   3   »
344 P. Comeau. 1657, 58 et 59 (85, 86 et 87-A. I.
        524 et II. 681). Cuiv.......... ......   TB. à 2 50
345 H. de La Croix. 1660 et 1661 (IX. 88 et 89-A. I.
        747 et 748). Lait. et cuiv............   TB. à 2 50
346 J. de Frasans. 1662 (IX. 90-A. I. 646). Cuiv.
                    FDC.   3   »
347 P. Guillaume. 1663 (X. 91-A. I. 696). Cuiv.   TB.   2 50
348 B. Boulier. 1665 et 1666 (X. 92 et 93-A. I, 432).
        Cuiv.................   TB. à 2 50
349 J. Joly. 1667 (X. 94-A. I. 733). Cuiv.....   TB   2 50
350 — 1669 (X. 95-A. I. 733). Lait. et cuiv....   TB. à 5   »
351 J. Cattin. 1671 (XVI. 95 *bis*-A. II, 588). Arg.
        refrappé....................   FDC.   10   »
352 -- Le même. Cuiv. et lait..... ......   FDC. à 6   »
353 B. Boulier, 1674. Même pièce que le n° 348. mais
        le revers d'un autre dessin (p. 108). Étain.

                    B.   5   »

354 B.-P. Baudinot. 1675 (X. 96-A. I. 362). Cuiv. TB.   3 »

355 P. Monin. 1678 (X. 97-A, I. 979). Cuiv... TB.   2 50

356 B.-P. Baudinot. 1680 (X. 98-A. I. 362). Cuiv.
                                         TB.   3 »

357 J. Joly. 1681 (X. 99). Arg............. TB.   25 »

358 — Le même (A. I. 734). Cuiv.......... TB.   2 50

359 — Autre variété de 1684 (p. 141, n° 4). Cuiv. FDC.   8 »

360 M. de Badier. 1685 (X. 100-A. I. 335). Cuiv. TB.   2 50

361 — Autre variété sans date. Cuiv....... FDC.   7 »

362 — 1686 (XI. 101-A. II. 371). Cuiv...... TB.   2 50

363 J. Joly, 1689 (XI. 102-A. I. 734). Cuiv... TB.   3 50

364 Fr. Baudot. 1691 (XI. 103-A. I. 363). Cuiv.. TB.   2 50

365 Ph. Jannon. 1693 (XI. 104). Arg......... TB.   20 »

366 — Le même. (A. I. 726). Cuiv......... TB.   2 50

367 F. Baudot. 1694 (XI, 105-A. I. 363). Cuiv. FDC.   3 »

368 — 1701 (XI. 106-A. I. 363). Cuiv...... TB.   2 »

369 J. Clopin. 1705 (XI. 107-A. I. 515). Cuiv. TB.   2 »

370 N. Labotte. 1713 (XI. 108-A. I. 743). Cuiv. *Voyez aussi n° 191.* .... TB.   2 »

371 Et. Baudinet. 1716 et 1719 (XI. 109 et 110-A. I. 360). Cuiv..................... TB. à 1 50

372 — 1719. R'. Armes de Jean de Berbizey, 1er président au parlement de Bourgogne. Étain.
                                         TB.   5 »

373 — 1722 (2 var.) et 1725 (XII. 111, 112 et 113. -A. I. 360). Cuiv.................. TB. à 2 »

374 — 1727 (XII. 114). Arg............. FDC.   20 »

375 — Le même (A. I. 360). Cuiv.......... TB.   2 »

376 Ph. Baudot. 1730 (XII. 115-A. I. 364). Cuiv.
                                         TB.   1 50

377 J. P. Burteur. 1733 (XII. 116). Arg..... FDC.   20 »

378 — 1733 et 1736 (XII. 116 et 117-A. I. 461). Cuiv..................... TB. à 2 »

379 — 1739 (XII. 118). Arg............. FDC.   20 »

380 — Le même (A. I. 461). Cuiv.......... TB.   2 »

381 — 1742 (XII. 119). Arg.............. FDC.   20 »

382 — 1742 et 1745 (XII. 119 et 120-A. I. 461 et II. 569). Cuiv.................... TB. à 1 50

383 — 1748 (XIII. 121). Arg.............. FDC. 20 »
384 — Le même (A. I. 461). Cuiv.......... TB. 1 50
385 Cl. Marlot. 1751 (XIII. 122). Arg........ TB. 12 »
386 — Le même (A. I. 949). Cuiv........ FDC. 2 50
387 — 1751 (XIII. 123). Arg............. FDC. 25 »
388 — Le même (A. II. 1439). Cuiv........ TB. 3 »
389 N.-Cl. Rousselot. 1763 (XIII. 124-A. I. 1166).
  Cuiv................... TB. 1 50
390 — 1766 (XIII. 125). Arg............. FDC. 20 »
391 — 1766 et 1769 (XIII. 125 et 126-A. I. 1167 et
  II 1685). Cuiv.................... TB. à 2 »
392 G. Raviot. 1772 (XIII. 127-A. I. 1110). Arg.
          TB. 18 »
393 — 1772 et 1775 (XIII. 127 et 128-A. I 1111 et
  1112). Cuiv................. TB. à 1 50
394 — 1778 (XIII. 129). Arg............. TB. 20 »
395 — Le même (A. I. 1113). Cuiv.......... TB. 3 »
396 — 1781 (XIII. 130). Cuiv............. TB. 7 »
397 L. Moussier. 1787 (XIII. 131-A. I. 1008). Arg.
          TB. 10 »
398 — Le même (A. I. 1009). Cuiv.......... TB. 5 »
399 Morelet. Baptême du duc de Bordeaux, 1821
  (XIII. 132). Petite méd. Arg.......... TB. 5 »

Parlement.

400 A·TOY·SEVL·SEIGNEVR·SOIT·HONNEVR·
  ET·GLOIRE. Henri III en costume royal,
  tenant le sceptre et l'épée, debout de face,
  regardant à gauche. R'. BIEN+HEVREVX·
  EST·QVI·FAICT‡IVSTICE. Une balance sur
  une épée posée en pl. la pointe en haut (Fontenay. Fragments, pl. XIII, fig. 8). Cuiv. TB. 40 »
401 ❋SENATVS❋DIVI ONENSIS❋1616. Les armes
  de France-Navarre. R'. ❋SEDET·OMNIBVS·
  VNA❋. La Justice assise sous une tente royale,

tient épée et balance; à l'exergue; 1616. Arg.
                                    TB. 30 »

402 Jeton, 1675 (Font. 331). Arg.... ...... TB. 25 »

403 Le même. Cuiv...................... TB. 2 »

404 Autre variété au buste du roi. Laiton..... B. 5 »

405 Jeton 1673 (Font. 332). Cuiv. refrappé...FDC. 6. »

406 G. Le Gouz de Vellepesle, cons. et avocat du roi, 1592 (253-A. II. 1249). Cuiv.... Usé. 10 »

407 J. de la Croix de St-Vallier, président au Parlt., et Marie de Sayve, sa femme, 1643 (*Arm.* II 1128). Cuiv........................... B. 15 »

408 Cl. Frémiot, président au Parlement, s. d. (1643) (332-A. II. 913). Cuiv.......... TB. 20 »

409 J. Vivant Micault de Courbeton, prést. au Parlt, et Marie-Françoise Trudaine, sa femme, 1783. Étain octog. et bronzé.............. . TB. 10 »

409*bis*. Ch. Bonneau, seigneur du Plessis, conseiller au Parlement (1644). Anépigraphe. Ses armes (3 grenades d'or ouvertes et grenées de gu) R. Buste de Louis XIV (A. II, 493 *bis*). Cuiv. TB. 20 »

410 Fr. Béchard, conseiller au Parlt(?). Son chiffre et la Justice comme au no 405 (A. I, 376). Cuiv. refrappe........................... FDC. 1 »

411 J. P. de Lamare, conseiller au Parlt, 1740 (325, -A. II, 1145). Cuiv................... FDC. 20 »
    Voyez nos 185, 372, 496 et 501.

DIJON.

412 St-Étienne, 1558. St Étienne à genoux à g. et palme (99). Lait. *Voyez no 170*........ B. 12 »

413 Ste-Chapelle, s. d. (348) Cuiv.......... TB. 15 »

414 — Même pièce d'un dessin varié. Cuiv.. TB. 15 »

415 Ste-Chapelle, 1579. (347). Cuiv......... TB. 18 »

416 St-Bénigne. Méreau, 1567. Étain bronzé.. TB. 4 »

417 La foraine, 1552. Cuiv............... TB. 12 »

418 Cour des monnaies sous Henri II. PRO CAMERA
MONETAR... Balance sous une couronne
royale ; au-dessous, une fleur de lis sur un
monticule. R'. Armes de France comme à la
p. 336 de Fontenay. Cuiv............ AB. 18 »

419 Jacques Monnyot, prévôt de la Monnaie, 1586
(A. II, 1492). Cuiv................. TB. 50 »

420 Pierre Canquoin, prévôt de la Monnaie, 1593
(254-A. II, 581). Laiton............. TB. 50 »

421 Le même. Autre légère variété. Cuiv...... B. 40 »

422 Essai de 5 centimes, 1848. Cuiv. traversé d'une
lame d'argent (Dewamin, pl. 59, fig. 6). TB 5 »

423 Directoire de Bourgogne, s. d. Coin de Merlen.
Jeton maçonnique. Arg............. FDC. 40 »

424 ·— Le même. Cuiv...... .... TB. 25 »

425 L'Abeille bourguignonne fondée en 1856.. Assu-
rances à primes. Conseil d'administration. Arg.
FDC. 8 »

426 Jeton au nom de René Carraque, 1691, gravé sur
un jeton des États (A. II, 586). Cuiv..... B. 3 »

427 Jeton au nom de J. Le Curieux, 1787, gravé sur
une pièce de Louis XIV. Cuiv. troué..... B. 2 »

428 Jeton au nom de Dufourc, bottier, gravé sur une
pièce de 1622. Laiton................ TB. 2 »

429 Fourneau économique. 25, 20, 15, 10 et 5 centimes. Cuiv. et étain................. FDC. 8 »

430 3 jetons divers. Cuiv.................. B. 1 »

AUTUN

431 Chapitre. Méreau de 4 deniers au St Lazare. (Fontenay. Fragments, X, 5) Laiton......... B. 25 »

432 — Méreau de 5 deniers au St Lazare, 1587 (351).
Laiton avec L en contremarque....... TB. 15 » .

433 —- Méreau au St Lazare, s. d. Laiton avec la croix
de St Lazare en contremarque (Fontenay. Fragments, X, 10)...................... TB. 15 »

434 — Méreau au St Lazare, s. d. Types du précédent, mais d'un module plus petit (349-Fontenay. Fragments, X, 11). Laiton...... TB. 15 »
Voyez aussi n° 198 bis.

AUXERRE

435 Piretouy, receveur des tailles; 1659 (355-A. I. 1062). Cuiv........................ TB. 5 »
436 Soc. centrale d'agriculture. Coin de Labouche. Massonnet éditeur. Arg. octog...... FDC. 5 »
437 Chambre des notaires, s. d. (Mairie à l'exergue). *Revers du jeton* de 1748. Cuiv........ TB. 15 »
Voyez n° 180, Sainte-Marie de Regny.

AUXONNE

438 États du comté d'Auxonne, 1583 (355-Amanton XV. 1). Lait. troué................... AB. 8 »
439 Municipalité, 1583 (356-Am. XV. 2). Lait. TB. 15 »
440 — 1602 (Am. XV. 3). Lait............... TB. 18 »
441 Laverne, maire, 1613 (357-Am. XV, 4). Lait... TB. 15 »
442 — 1617 (357-Am. XV. 5-A. I, 808). Lait.... TB. 8 »
443 — Même jeton d'un dessin légèrement varié. TB. 8 »
444 Jurain, maire, 1621 (Am. XV, 6-358-A. I. 741) Lait........................ .... B. 10 »
445 — Même jeton d'un dessin légèrement varié. Lait............................... TB. 15 »

AVALLON

446 Société de musique, 1787 (Font. 354). Arg. FDC. 6 »
447 Même pièce. Cuiv...................... TB. 3 »

BEAUNE

448 L. Loppin, maire, 1635. (360-Am. XIV. 2-A. II. 1330). Lait....................... B. 6 »

449 Hugues Ganiarre, maire 1635, (Am. p. 130,
     remarque sous le n° 2). Lait. . . . . TB.   12   »
450 Le même ? 1635. (Am., p. 130, remarque sous le
     n° 2). Lait. . . . . B.   10   »
451 Edme Ferry, maire, 1651 (Am. XIV. 3-360.
     -A. II. 866). Lait.'. . . . . Usé   2 50
452 — 1651. (Am. XIV, 4-361-A. II, 865) Lait. TB.   7   »
453 Et. de Lamare, maire, 1654. (Am. XIV. 5-361.
     -A. II, 1143). Lait. . . . . TB.   3   »
454 Ph. Parigot, maire, 1658 (Am. XIV. 6-361). Lait.
                                                    TB.   6   »
455 Pierre Chevignard, maire, 1660 (Am. XIV. 7.
     -361-A. II. 638). Laiton. . . . . B.   6   »
456 J. Berardier, maire, sans date (Am. XIV. 1-362.
     -A. I, 390). Cuiv. . . . . TB.   3   »
457 Lorenchet, maire, 1670 (Am. XIV. 8-362-A. II.
     1331). Laiton. . . . . TB.   2 50
458 P. Tixier, maire, 1675 (Am. XIV. 9-363-A. I.
     1253). Cuiv. . . . . TB.   2 50
459 Et. de Lamare, maire, 1676 (Am. XIV. 10-363
     -A. I. 760). Cuiv. . . . . FDC.   3   »
460 J.-B. de Lamare, maire, 1677 (Am. XIV. 11-363.
     -A. I. 761). Cuiv. . . . . TB.   2 50
461 P. Gillet, maire, 1719 (Am. XIV. 12-364). Arg.
     refrappé . . . . FDC.   5   »
462 — Le même (A. I. 664). Cuiv. . . . . TB.   2 50
463 Chapitre de Notre-Dame. Méreau de 20 deniers
     (364). Cuiv. . . . . TB.   7   »
464 — Méreau de 10 deniers (Fontenay. Fragments,
     XIV, 1). Cuiv. . . . . TB.   7   »
465 — Méreau de 6 deniers (Fontenay. Fragments,
     XIV. 2 var). Cuiv. . . . . TB.   7   »
466 — Jeton au puits, 1576 (251). Cuiv. . . . . TB.   15   »
467 — Jeton au puits, 1585. Cuiv. . . . . TB.   15   »
468 Chambre des notaires. Jeton signé Desaide.
     Arg. octog. . . . . FDC.   8   »
                 Voyez nᵒˢ 160, 436.

BOURBON-LANCY

Voyez n°s 178, 189, 190.

CHALON

469 Charles de Neufchèze, évêque, 1643 (365-A. I.
    1012). Cuiv...................... TB.   20 »
    Voyez aussi n°s 163, 172 et 223.

CHAROLLAIS. *Voyez n° 31.*

CÎTEAUX

470 CISTERCIVM · TOTIVS · ORDINIS · MATER·
    Armes de l'abbaye. R̃. + SANCTE° ANDREA°
    ORA° PRO° NOBIS. Saint André debout. Étain
    bronzé.......................... TB.   6 »
471 Louis de Baissey, abbé, 1560. L'église de Cîteaux
    au centre, autour de laquelle sont rangées ses
    quatre premières filles sous la figure de quatre
    petits édifices religieux : La Ferté près Chalon-
    sur-Saône, Pontigny, près Auxerre, Clairvaux
    et Morimont. R̃. Armes de l'abbé (A. I. 342).
    Cuiv.............................. B.   55 »

CLUNY

472 Clef et épée. R̃. Crosse. Méreau (Fontenay,
    p. 366). Cuiv......................... 50 »
    Ce méreau pourrait aussi appartenir au
    prieuré de Souvigny (Allier).
472 *bis.* Crosse et clef. Méreau uniface. Plomb.   B. 5 »
473 Louis, cardinal de Lorraine-Guise, archevêque
    de Reims et abbé de Cluny, 1618 (A. I, 916).
    Cuiv............................... TB.   40 »
    Pernot et Trouvé de Champagne, abbés.
    Voyez n°s 213 et 215.

CREUSOT

474 Jeton anglais au buste de Wilkinson, 1793.
(Fontenay. Fragments, X. 15 var.). Cuiv.B.   2   »
Cussy. Voyez n° 206.
Épinac. Voyez n° 184.
Jambles. Voyez n°s 192 et 201.

MACON

475 Académie des sciences, arts, belles-lettres et d'agriculture. Arg...................... FDC.   5   »
476 Épreuve uniface de l'avers du jeton précédent.
Cuiv............................ FDC.   3   »
477 Fr. de Chevriers et Louise Parise, s.d.=Louis XIII
(A. I. 502). Cuiv................... TB.   10   »
478 L.-F. de Chevriers, marquis de Saint Mauris,
chevalier de Malte, 1700 (A. I. 503). Cuiv.
TB.   30   »
479 Entragues (Crémeaux, marquis d'), gouverneur
du Mâconnais, s.d. = 1720 (Arm. I. 580). Cuiv.
TB.   10   »
480 Le même. Jeton varié du précédent (Arm. I, 581).
Cuiv. octog...................... TB.   8   »
Montbard. Voyez n° 186.
Montpeyroux. Voyez n° 159.
Nuits. Voyez n°s 171 et 207.
Saint-Jean-de-Losne. Voyez n° 174.

SEMUR-EN-AUXOIS

481 M. Borgeois, maire, 1555 (370-Amanton, p. 135
n°1-A. II, 494). Lait................ B.   28   »

482 Charles Blanot, maire, 1577. Cuiv........ TB. 50 »

483 Fl. du Châtelet, gouverneur du château, vers
    1727 (327-Arm. II, 793). Cuiv........... B. 25 »
Voyez aussi n°s 181, 182, 225, 226.
       VALCROISSANT. *Voyez n° 168.*
       VERDUN. *Voyez n°s 165, 166 et 194.*

BRESSE

484 Belley. Chapitre de Saint Jean-Baptiste. ECCLE-
    SIA·BELLICEN. Main bénissante et saint Jean
    debout de face. Méreau. Cuiv.......... TB. 5 »
485 — Main bénissante et buste de saint Jean à dr.
    (Fontenay. Fragments, XVI. 16). Cuiv. TB. 5 »
486 — ECCLESIA·BELICENSIS. Main bénissante.
    R'. S· IOANNES· BAPTISTA. Agnel crucifère
    à dr. (391). Laiton. 30 millimètres... TB. 10 »
487 — Autre variété plus petite. Laiton. 28 milli-
    mètres............................. TB. 6 »
488 — Autre variété plus petite, avec BELICENS.
    Laiton. 20 millimètres............... TB. 7 »
489 — Même pièce, avec S·IOAN·BAPTISTÆ et
    BELLICEN. Laiton. 19 millimètres...... B. 5 »
490 Bourg. Chapitre de Notre-Dame. Méreau, 1577.
    Plomb. *Voyez n°s 230 à 236*.......... B. 5 »

Personnages bourguignons, francs-comtois et de la Bresse.

490 *bis* L.-A., Cte d'Affry, lieut^t gén. des armées du
  roi, colonel du rég^t de ses Gardes suisses, 1767
  (A. II. 313). Cuiv. octog........... FDC.   30   »
491 Arenberg (L.-Ph.-Ch.-Jos. de Ligne, duc d'),
  1720 (A. I. 318). Arg................. TB.   60   »
492 Baissey, protonotaire du St-Siège. Ses armes.

  R̃. de Fontenay, p. 340 (A. I. 1063). Cuiv. B.   50   »
493 -- Avers précédent. R̃. à la salamandre, pareil
  à celui du n° 241 (A. II. 1596). Cuiv... TB.   65   »
494 Bardet de Vermanton, 1711 (A. I. 347). Cuiv. TB.   6   »
495 Bauffremont (Ch.-Roger, prince de), 1772 (A. I.
  368). Arg. octog. refrappe .... FDC.   12   »

496 — Le même. Cuiv. octog. refrappe..... FDC.   6   »
496 *bis* Bouhier? Ses armes surmontées du chapeau
  d'évêque. R̃. SACRO·MVNERE·DIGNVS.
  Taureau passant sur une terrasse (Cat. Feuar-
  dent n° 10206^a). Étain bronzé........ TB.   10   »
496 *ter* Cl. de Bullion et Cl. de Bouthilier, surinten-
  dants des finances, s. d. Étain........ TB.   5   »

497 Bussy-Dinteville (Huberte-Renée de) et Jean de
    Mesgrigny, son mari, 1642 (A. I. 966). Lait. TB.   15 »
498 Chabot-Charny (Philippe), amiral de France, et
    Zacharie Chappelain, greffier au Parlement de
    Bourgogne (1529-1549). Étain bronzé... TB.   8 »

499 — (François), fils du précédent, et Françoise de
    Lugny, 1560. Cuiv.................... TB.   50 »
500 — Le même en étain bronzé (A. I. 487).... TB.   5 »
501 Chanlecy (Pontus de), baron de Pleuvault, et
    J.-Fr. de Chanlecy, 1630 (A. I. 492). Laiton.
    AB. et étain bronzé.................. TB. à 5 »
501 *bis* Colbert, ministre. Jeton de Dassier. Cuiv. B.   5 »
502 Du Chatelet (Nic.), seig. de Vauvillers, s. d.
    xvie s^e (A. II. 794). Cuiv. *Voyez n° 483.* B. 30 »
503 Du Port (L.-Alex.-Cath.), président au Parlement
    de Bourgogne, et M.-Charlotte de Loriol, son
    épouse. Arg....................... TB. 60 »
504 Gaze de Rouvray (Hugues ?), chev. de St-Michel,
    s. d. xvie s^e (A. II. 940) Étain bronzé.. TB.   5 »
504 *bis.* P. Grassin, s^r. de Mormant, et Charlotte
    Dupuy de Digny, son épouse, s. d (A. I, 686).
    Arg............................... TB. 25 »

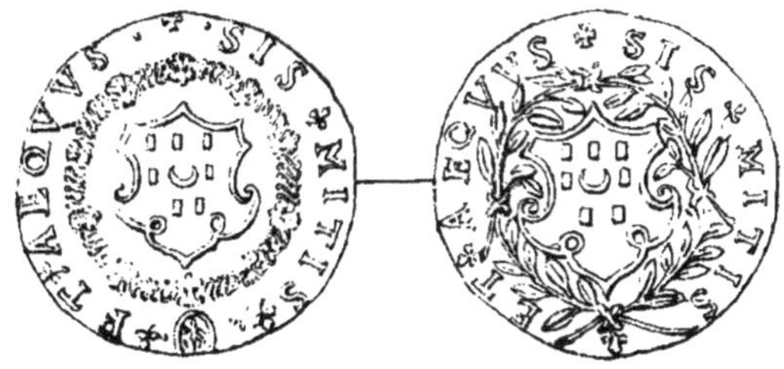

505 Jeannin de Castille (Nic.), trésorier de l'épargne,
1648 (A. I. 729). Cuiv.................. TB.   10   »
506 — Autre variété de 1648. Cuiv......... FDC.   15   »
506 *bis* La Montagne de l'Aigle, seigneur de Champ-
gerbeault (H^te^-Marne), cap^ne^ et gouv^r^ de Tallan
(Doubs), et Madeleine de Poitiers, son épouse.
s. d. = vers 1565. Leurs armes. Cuiv..   TB.   60   »

507 Langeac (Marie-Roger de), siège de Lanty, et J.-M.
Palatine de Dio de Montpéroux, 1725 (A.
I. 771). Cuiv. *Voyez n°s 159 et 201* ... TB.   25   »

507 *bis* Agnès-Françoise Lelouchier, comtesse d'Arco,
1699. Jeton de Roussel. Cuiv.. ...... B.   20   »
508 Longvy (Cl. de), cardinal de Givry, évêque de
Langres. Milieu du xvie s^e^ (Fourray, p. 42-A. I.
873). Cuiv............................. B.   70   »

509 Mercier (Mme), nourrice du dauphin (Louis XV),
s. d. (A. I. 965). Cuiv. octog .... TB.   5   »

509 *bis* J.-B. Noyel, père et fils, seig^rs de Sermezy
(Ain), 1723 (A. I. 1021). Cuiv.......... B.   8   »

510 Rabutin (Roger), comte de Bussy, 1648 (A. I.
1097). Laiton..................... B.   25   »

511 Le même, maître de camp général de la cava-
lerie. Autre variété de 1656 (Sarriau, 83).
Étain bronzé..................... TB.   5   »

512 Rostaing (Tristan de), baron de Brou, s. d. (A. I.
1162). Laiton..................... AB.   6   »

513 — Autre variété de 1580 (A. I. 1163). Étain.TB.   3   »

514 —   —   1595 (A. I. 1162 *bis*). Cuiv. B.   15   »

515 — Charles, fils du précédent, et Anne Hurault de
Cheverny, 1612 (A. I. 1159). Laiton et cuiv. B. à 8   »

516 — Autre variété de 1633 (A. I. 1160). Laiton. B.   5   »

517 — Autre variété de 1641 (A. I. 1161). Laiton. TB.   10   »

518 Rye (Marc de), m^is de Varambon, gouverneur
d'Arras, 1591 (A. I. 1142). Cuiv......... B.   20   »

519 Stainville (Ch. de), seig de Pouilly, 1570 (A. II.
1776). Cuiv...................... TB.   60   »

520 Tabourot (Et.), dit le seigneur des Accords,
1585. (A. I. 1228). Cuiv.............. B.   45   »

521 — Le même. Autre variété, s. d. Revers du n°
249 (A. II. 1782). Cuiv............... B.   35   »

522 — (Jean), chanoine de Langres, 1566 (A. I. 1229)
Cuiv .... B. 45 »

522 *bis* Thiroux de Crosne, lieut^t-g^al de police de
Paris, 1785 (A. II. 719) Cuiv.......... TB. 25 »
522 *ter* Thoire-Villars (L. de), évêque de Valence (1354-
1376). Écusson et croix (Cat. Rouyer, 479, attri
bué aux ducs de Bourgogne.— A. I. 1274). Lait. B. 55 »

523 Veilhan de Giry (Ant. de), gentilhomme de la
Chambre du roi, 1561 (A. I. 1267). Lait... B. 45 »

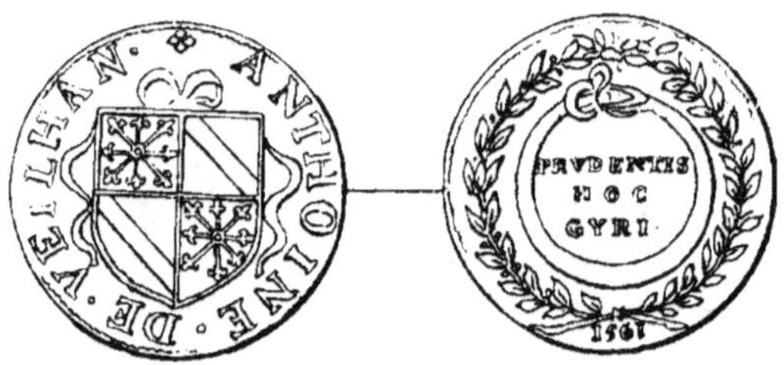

523 *bis* Veiny d'Arbouze, évêque de Clermont-Ferrand.
1666 (A. I. 1269). Cuiv.............. TB. 15 »

524 Vienne (Jacques de), chevalier de Saint-Michel
    (A. I. 1271). Cuiv...................... B. 70 »
524 *bis* Villeroy (François duc de) seig^r de Neuville
    (Vimy, gouv^r du Lyonnais, s. d. (A. II, 1847).
    Arg........................... TB. 25 »

Franche-Comté [1]

BESANÇON

525 Municipalité. 1547 (F. 1.2)   Cuiv........ B. 5 »
526   —   1578 (F. 1. 3)   — .... TB. 7 »
527   —   1581 (F. I. 4)   — .... B. 5 »
528   —   1592 (F. III. 1)   — .... B. 10 »
529   —   16.. (F. III)   — ...... TB. 6 »
530   —   s. d. = Ferdinand III. (F. III. 4).
    Cuiv.......................... TB. 10 »
531 Chambre des Comptes 1626 (F. III. 2. Cuiv. B. 5 »
532   —   1628   — B. 6 »
533   —   1630   — B. 5 »
534 Couronnement de Ferdinand III, 1636 (F. III. 2).
    Cuiv............................. B. 1 50
535 Conquête de la Franche-Comté, 1668 (F. IV. 3).
    Arg. B. 8 » Laiton.. .... B. 1 50
536 Prise de la ville, 1674 (F. VI. 2) Cuiv...... B. 2 »

Gouverneurs de Besançon

537 Chapuis de Rosières, 1623 (F. 22. 1. — A. II.
    618). Étain bronzé................... TB. »3
538 Cabet, 1628 (F. 19. 4. — A. I. 463). Cuiv. TB. 10 »
539 Philippe, 1648 (F. 65. 1. — A. II. 1591). Étain
    bronzé............................. TB. 4 »
540 Belin, 1665 (F. 8. 2). Cuiv.............. TB. 7 »
541 Jouffroy d'Albans, 1665 (F. 43. 1.) Cuiv..... B. 6 »
542 — Autre variété (F. 43, revers des n°s 1 et 3). Cuiv.
    TB. 8 »

---

1. Classement d'après l'ouvrage de Fouray de Boisselet.

543 Linglois, 1665 (F. 46. 1. — A. I. 862). Cuiv. B. 7 »
544 Mareschal de Sauvagney, 1666 (F. 50. 3). Cuiv. AB. 2 »
545 Franchet de Rans, 1666 (F. 36. 1 — A. I. 643).
     Cuiv. . . . . TB. 7 »
546 Cabet, 1666 (F. 20. 6.   A. II. 571). Cuiv.
     Troué. . . . . TB. 5 »
547 Monnier-Noironte, 1666 (F. 55. 2 — A. II. 1490).
     Cuiv. . . . . TB. 7 »
548 — 1667 (F. 55. 2. — A. II. 1490). Cuiv. . . . B. 5 »
549 Mareschal de Bouclans, 1667 (F. 52. 1 — A. I.
     942). Cuiv. . . . . TB. 6 »
550 Maréchal de Veset, 1667 (F. 50. 4). Cuiv. . . .B. 4 »
551 Sermance, 1667 (F. 69. 1). Cuiv. . . . . .Usé 1 50
552 Mareschal de Bouclans, 1669. (F. 52. 2 — A.
     I. 942). Cuiv. . . . . B. 5 »
553 Belin, 1669 (F. 9. — A. II. 427). Cuiv. . . TB. 10 »
554 Maréchal de Veset, 1669 (F. 51. 6 — Arm. I.
     943). Cuiv. . . . . B. 5 »
555 Varin, 1669 (F. 73. 1). Cuiv. . . . . B. 6 »
556 Franchet de Rans, 1669 (F. 37. 6. — A. II. 908).
     Cuivre. . . . . TB. 7 »
557 Busson et Varin, sans date = 1671 (F. 18. 5). Cuiv.
                                             B. 4 »

DOLE

558 Chambre des comptes. 1562 (F. 15. 2). Cuiv. . Usé 3 »
559   . . 1573 (F. 15. 3). — B. 7 »
560   - 1584 (F. 16. 2). — TB. 15 »
561   — 1586 (F. 16. 3). — B. 10 »
562   — 1591 (F. 17. 1). Laiton. B. 10 »
562 *bis*   — 1601 (F. 17. 3). Cuiv. B. 8 »

GRAY

563 Fourneau économique. 5 centimes. Laiton
     uniface et octogone. . . . . TB. 1 »

MONTFAUCON

564 Cantine du fort. 5 centimes. Étain à pans.. TB.   1   »

SALINS

565 ✠ : ᎶIᎬS ✽ PO' ✽ LᎬS ✽ ROLᎬS ✽ Ɗ
✽ P ✽ S : Ɗ : S. Briquet au-dessus du caillou
et des bâtons enflammés. ℞. ✠ DᎬ ✽ Lᚪ
✽ SᚪVꝚᎬRIᎬ ✽ DᎬ ✽ SᚪLIᛘS· ✽ Croix
fleuronnée et cantonnée de quatre trèfles.
Laiton.......................... TB.   35   »

566 Autre variété dans la légende de l'avers (Fouray
20. 1 var. — Florange. *Essai sur les jetons et
médailles de mines françaises*, n° 191). Cuiv. B.   25   »

567 ✠ ᎶᎬᛐOᎬRS : POVR : LᎬS : ROLᎬS·
Champ armorié. ℞. ✠DᎬ : Lᚪ : SᚪVL
ꝚᎬRIᎬ : DᎬ : SᚪLIꝚS : ♣ : Briquet comme
ci-dessus (Fouray 20. 2 var. — Florange, n° 194
var.) Laiton........................ TB.   30   »

568 Saunerie, 1580 (Fouray 22. 2. — Florange 203)
Cuiv.............................. TB.   20   »

569 Saunerie, 1588 (Fouray 22. 3. — Florange 205)
Cuiv.............................. TB.   15   »

VESOUL

570 Fourneau économique. 5 centimes. Laiton uniface et octogone..................... TB.   1   »

MÉDAILLES

571 Philippe le Bon. Buste et briquet de Bourgogne
(Armand. II, 300). Arg. 40^{mm}......... TB.   25   »

572 — Même pièce. Métal de cloche. 39^{mm}.. TB.   10   »

573 Charles le Téméraire. Buste et bélier entre les
   briquets (Fontenay. Fragments, I, 2-Armand.
   II, 40, 1). Métal de cloche. 37ᵐᵐ...... B.   15 »
574 — Médaillon ovale et uniface. Plomb bronzé
   100⁔ 73ᵐᵐ............................ B.   15 »
575 — Ossuaire de Morat. 1476. Méd. de 1730.
   Arg. 39ᵐᵐ.......................... TB.   40 »
576 Marie de Bourgogne et Maximilieu d'Autriche.
   1479 (Armand. II, 81, 4). Arg. 43ᵐᵐ. . TB.   30 »
577 — Autre variété, s. d. = Leur mariage en 1477
   (Trésor de num. Médailles allem. IV. 3 — Fontenay. Fragments, XXIV, 1-Armand II, 80, 1).
   Méd. gr. p. Jean de Candida. Br. 45ᵐᵐ... B.   15 »
578 Mariage de 12 filles dotées par les États de Bourgogne à la naissance du dauphin, 1781. Br.
   doré à bélière. 45ᵐᵐ................. TB.   18 »
579 Canal de Bourgogne. Triple jonction avec la
   mer, 1783. Br. 73ᵐᵐ................. FDC.   15 »
580 — Même pièce plus petite. Arg. 50ᵐᵐ... FDC.   40 »
581 — Même pièce en bronze.............. FDC.   10 »
582 Canal de la Saône à l'Yonne. Nouvelle jonction
   des deux mers, 1785. Br. 55ᵐᵐ.......FDC.   12 »

Alise-Sainte-Reine.

583 La martyre Sainte Reine. Gravure sous verre.
   Forme médaillon....................... ....   10 »
584 La sainte couronnée deb. de face, tenant palme
   et épis. ℞. Les trois arbres nommés Ormeaux
   de Sainte-Reine. Gravure sous verre. Même
   forme................................ 20
585 Autre variété. Gravure sous verre. Même forme. 20 »
586   —   Gravure sous verre   —   15 »
587 Mêmes types (Fontenay. Fragments, XIII, 12).
   Cuiv. ovale à bélière. 10 variétés....... B.   38 »
588   —   Arg. ovale à bélière...... TB.   8 »

589 Bourreau tranchant la tête de la sainte age-
nouillée. R̄. Les trois Ormeaux. Cuiv. à bélière.
TB. 15 »
590 La sainte deb. de face. R̄. Les trois ormeaux.
Cuiv. 3 p. variées modernes........ TB. 1 50

AUXERRE

591 Voyage de Napoléon III et de l'impératrice. 1866.
Cuiv. 23ᵐᵐ...................... TB. 1 »
591 *bis* Même événement. Coin de Stern. Br. 46ᵐᵐ.
FDC. 6 »

AUXONNE

592 Portefaix. Insigne octogone gravé. Commence-
ment du xixᵉ siècle. Cuiv. jaune avec anneau.
40×37ᵐᵐ..................... TB. 15 »
593 Prix de la Compagnie de l'Arc, 1828. Pièce
gravée. Arg. à bélière 41ᵐᵐ......... TB. 30 »
594 Prix de la Compagnie de l'Arc, 1862. Pièce gravée. Arg. à bélière 43ᵐᵐ............ TB. 30 »
595 Inauguration de la statue du lieutenant Bona-
parte, 1857. Cuiv. à bélière. 23ᵐᵐ..... TB. 1 50
596 Plaque en argent émaillé avec bélière et ruban. TB. 20 »
597 Prix de la Société de tir. Arg. à bélière. 33ᵐᵐ. TB. 10 »

BEAUNE

598 Porteur public. Insigne en étain à bélière.
36ᵐᵐ........................... TB. 5 »
599 Enfant Jésus miraculeux des Carmélites. 2 petites
méd. en arg. et en cuiv............... TB. 2 »

CHALON

600 Henri de Bourbon-Condé, gouverneur de Bour-

gogne et de Berry. Méd. offerte par la ville en
1632 (*Trésor de num.*, XXXIX. 3). Br. coulé.
63 ᵐᵐ.................................... TB.   10 »

DIJON

601 Hôpital Notre-Dame de la Charité. Plaque ovale
gravée. Cuiv. 89 × 75 ᵐᵐ................ B.   50 »

602 Prix de l'Académie aux armes de Hector Bernard
Pouffier, son fondateur et doyen du Parlement,
1740 (Fontenay. Fragments. XXIV, 3). Arg.
Coin de Marteau. 42 ᵐᵐ................ FDC.   40 »

603 Même pièce en bronze................. FDC.   15 »

604 Prix de l'école gratuite de dessin. Méd. de Duvivier
au buste de Louis-Joseph de Bourbon-Condé,
1770. Arg. 42 ᵐᵐ..................... FDC.   50 »

605 Prix de l'Académie de peinture et de sculpture.
1768. Méd. aux armes de Le Gouz, président
à mortier au Parlement. Br. 38 ᵐᵐ.... FDC.   12 »

606 École centrale du département de la Côte-d'Or.
École de dessin, peinture et sculpture, s. d. =
1796-1805 (*Trésor de num.*, 62. 9 — Hennin,
757). Arg. 39 ᵐᵐ..................... FDC.   40 »

607 Académie des sciences, arts et belles-lettres.
Méd. d'Andrieu au buste de Napoléon Iᵉʳ s. d.
= 1810 (*Trésor de num.*, 15.5). Arg. 32 ᵐᵐ. FDC.   20 »

608 — Même pièce en bronze............... TB.   10 »

609 Mesureur de bois. Insigne gravé. Cuiv. à bélière.
39 ᵐᵐ................................. TB.   10 »

610 Mesureur de grains. Plaque ovale gravée. Cuiv.
86 × 63 ᵐᵐ........................... TB.   10 »

611 Portefaix. Plaque ovale gravée. Cuiv. 65 × 50 ᵐᵐ.
TB.   10 »

611 *bis* Service du Canal. Insigne gravé. Cuiv. 46 ᵐᵐ.
TB.   25 »

612 Garde nationale. Méd. au buste de Lafayette,
1830. Br. 28 ᵐᵐ..................... FDC.   2 »

613 Comptoir de Dijon. 1842. Br. octog........ TB.   2 »

614 La source du Rosoir amenée à Dijon, 1840. Br.
69 mm............................... FDC. 12 »

615 Chemin de fer de Paris à Lyon. Section de Dijon
à Chalon. Pose de la 1re pierre du viaduc de la
porte d'Ouche, 1843. Cuiv. coulé, 90 mm.
Excessivement rare.................... B. 50 »

616 Société d'éclairage par le gaz, 1844. Arg. 33 mm.
2 variétés...................... FDC. à 6 »

617 Assurance mutuelle pour les cas de maladie et
d'accident. Service des visiteurs. Insigne ovale.
Br. 31 × 27 mm................... TB. 15 »

618 Croix maçonnique (?) gravée LES∴ COM∴ DE∴ L'UN∴
1850. Arg. avec anneau................ TB. 12 »

619 Méd. de récompense. Coin de Caqué. Br. 28 mm.
FDC. 2 »

620 Prix de l'association anciens des élèves du lycée.
Coin de Caqué. Br. 57 mm............ FDC. 10 »

621 Inauguration du chemin de fer de Paris à Dijon
par Louis Napoléon, 1851. Br. 68 mm.. FDC. 12 »

622 Exposition de 1858. Avers de Domard. Revers de
Caqué. Br. 68 mm................... FDC. 12 »

623 — Méd. de 1re classe. Coin de Chabaud. Br.
argenté 57 mm.................. .... TB. 5 »

624 — Méd. de 4e classe (Barre). Br. 51 mm. FDC. 6 »

625 — Méd. d'honneur (Desbœufs). Br. 37 mm. FDC. 4 »

626 — Méd. de Caqué au buste de l'empereur. Étain
50 mm........................... FDC. 1 50

627 — Méd. de Caqué au buste de l'impératrice.
Étain 50 mm...................... FDC. 1 50

628 Société des chevaliers de l'arquebuse, 1864. Méd.
de prix. Arg. doré à bélière 45 mm..... TB. 15 »

629 — Même pièce plus petite. Arg. doré à bélière.
40 mm........................... TB. 12 »

630 — Insigne en cuivre émaillé, 1865........ TB. 5 »

631 Festival Rameau, 1866. Méd. de Penin, de
Lyon, au buste de Rameau (coin de Gatteaux,
1816). Br. 36 mm................. .... FDC. 3 50

632 Même festival. Méd. de Penin, de Lyon, au buste
d'Orphée. Br. à bélière. 41 ᵐᵐ........ FDC.   5   »

633 Soc. d'agriculture de la Côte-d'Or. Petit méd. de
Bescher. Cuiv. argenté. 25 ᵐᵐ......... FDC.   1   »

634 Académie de Dijon, 1740. Méd. au buste de
Louis XV. Br. 42 ᵐᵐ. Refrappe........ FDC.   5   »

635 Académie de Dijon, 1740. Même pièce que celle
du n° 602. Br. 42 ᵐᵐ. Refrappe........ FDC.   5   »

636 Défense de la ville. Mort du colonel Fauconnet,
1870 (Van Peteghem, nᵒˢ 554 et 555). Étain,
46 ᵐᵐ. 2 var...................... FDC. à   8   »

636 *bis.* Armée de Garibaldi. Étain doré. 46 ᵐᵐ. Br. 35
et 28 ᵐᵐ. 4 var. (Petegh., 615, 616, 629). TB. à   3   »

636*ter.* — Mort de Bossak Hauke, brave polonais, chef
de brigade, tué à Val-Suzanne. Étain. 46 ᵐᵐ
(Petegh., 663 var.)................. FDC.   5   »

637 Société chorale. Insigne en cuiv. avec ruban. TB.   2   »

638 Fêtes nationales Rameau. Concours musical, 1876.
Méd. du Jury. Vermeil à bélière. 43 ᵐᵐ. FDC.   10   »

639 — Méd. de la commission Pièce identique à la
précédente, mais plus grande. Br. à bélière.
51 ᵐᵐ............................... FDC.   6   »

640 — Méd. de souvenir. Cuiv. avec anneau. 36 ᵐᵐ.
                                   FDC.   2   »

641 — Petite méd. de souvenir. Cuiv. avec anneau.
24 ᵐᵐ....... .... TB.   0 50

642 Société de tir. Insigne ajouré (vers 1883). Cuiv.
argenté.......................... TB.   2   »

643 Fanfare. Insigne en cuiv. argenté....... TB.   1 50

644 Sauveteurs médaillés de la Côte-d'Or, 1889 (v.
Heyden 626). Cuiv. argenté avec bélière et
ruban. 31 ᵐᵐ.. .... TB.   1   »

645 Chambre syndicale des meuniers, 1889. Arg. 30 ᵐᵐ.
                                   FDC.   5   »

646 Plomb des drapiers. XVᵉ siècle........... B.   3   »

647 Saint Bénigne et sainte Paschasie. Petite méd.
Cuiv............................... TB.   2   »

648 N.-D. du Bon-Espoir. 2 p. en arg. et 1 en cuiv.   1 50

649 Société de Saint-Vincent de Paul. Arg. 2 p.
    variées 2 50

650 Sainte Blandine. Filles domestiques. Arg. et cuiv.
    2 p. variées...........................   2 »

651 Mme de Chantal et saint François de Sales. Cuiv.
    2 var................................ TB.   4 »

652 Autre variété. 4 p. variées en cuiv....... TB.   5 »

653 Autre variété (Penin, de Lyon). Arg. et cuiv.
    4 var...... .... FDC.   6 »

654 Mme de Chantal et saint Vincent de Paule.
    Cuiv. 2 var..................... TB.   3 »

655 Donois (N.-D. de) et Fontaine-lès-Dijon. Arg. et
    cuiv. 6 var..................... TB.   2 »

GENLIS

655 *bis* Relais de la poste aux chevaux. Plaque ovale
    gr. par Ameling.................... TB.   15 »

LA ROCHE-EN-BRENIL, ARRONDISSEMENT DE SEMUR

656 Mairie et école inaugurées en 1835. Méd. de
    Depaulis, au buste de Louis-Philippe. Br. 37^{mm}.
                        FDC.   10 »

MONT-ROLAND

657 Méd. religieuse de Notre-Dame. Arg. et cuiv.
    5 p. variées........................ TB.   3 »

NUITS

658 Souvenir du combat, 1870. Méd. de Schmitt.
    (Petegh., 583). Br. coulé. 53^{mm}........ TB.   6 »

658*bis*. N.-D. de la Serrée. Petite méd. religieuse. Arg.
                        TB.   1 »

PIERRE-QUI-VIRE

659 Méd. religieuse de Sainte-Marie (ancien mona-
    stère bénédictin). Arg. et cuiv. 2 p..... TB.   1 50

SELONGEY

660 Les francs-tireurs. Méd. de prix au buste de
Napoléon III, 1867. Vermeil avec ruban. 37^{mm}.
TB. 15 »

SEMUR

661 Méd. de récompense signée Roquelay-Desaide.
Br. 44 ^{mm} .... FDC. 8 »

SERRIGNY, PRÈS BEAUNE

662 N.-D. du Chemin. Petite méd. religieuse. Arg. TB. 1 »

SEURRE

663 Société de tir. Méd. de prix. Arg. à bélière.
37 ^{mm} .... FDC. 10 »
664 Concours de pêche à la ligne. Méd. de prix, 1887.
Br. doré à bélière. 41 ^{mm} .... TB. 4 »

VELARS-SUR-OURCHE

665 N.-D. d'Etang. Arg. et cuiv. 7 var........ TB. 5 »

VITTEAUX

665 *bis* Plaque ovale de postillon (1848)...... TB. 12 »

FRANCHE-COMTÉ

BESANÇON

666 Plomb de pèlerinage aux saints Ferréol et Fer-
jeux (Fouray de B., pl. 8, fig. 4. — Fontenay,
p. 387). 33^{mm} .... TB. 20 »
666 *bis* Méreau au Saint-Jean-Baptiste, 1619 (Fouray,
pl. 9). Plomb .... TB. 5 »

667 Insigne maçonnique. ∴ P ∴ U ∴ et C ∴ A ∴
    réunies = Sincérité, parfaite union et constante
    amitié réunies. Étoile en argent avec anneau.
                                        TB. 15 »

668 Garde nationale. Petite méd. au buste de Louis-
    Philippe, 1830. Br. 14^{mm}............. FDC. 2 50

669 Exposition universelle, 1860. Méd. de Caqué au
    buste de Nap. III. Étain doré. 50^{mm}... FDC. 3 50

670 — Méd. de Grosse aux bustes accolés de l'emp.
    et de l'impératrice. Étain. 30^{mm}........ TB. 1 »

671 Petit insigne de la soc. de tir. Cuiv. argenté. TB. 2 »

DOLE

672 Garibaldi organise des volontaires, 1870. Étain
    doré. 46^{mm}......................... TB. 5 »

673 Méd. aux trois sergents (dont l'un, Commissaire,
    né à Dôle) élus représentants du peuple. 1849.
    Br. à bélière. 33^{mm}.................. FDC. 2 »

GRAY

674 Plaque de portefaix. Cuiv. uniface à bélière.
    45^{mm}............................... TB. 5 »

675 Notre-Dame. 2 petites méd. religieuses gravées
    par Penin, de Lyon. Br. 2 var........ FDC. 2 »

LONS-LE-SAULNIER

676 Plaque aux armes de la ville accompagnées des
    écussons des trois sous-préfectures. Dôle,
    Poligny et Saint-Claude. Cuiv. émaillé. TB. 7 »

POLIGNY

677 Jacquerie de 1851. Plomb. 57^{mm}........ TB. 4 »

PONTAILLER

678 Cie de pompier créée le 30 avril 1816. Plaque
gravée et montée dans un cercle. Arg. à bélière.
50 ^{mm}................................. TB.   25   »

SAINT-JEAN DE-LOSNE

679 Souvenir de l'héroïque défense en 1636. Méd.
de 1886. Cuiv. à bélière. 37 ^{mm}........ FDC.   5   »

SALINS

680 Gardes de feu. Insigne ciselé. Cuiv. à bélière
(Fouray de B., pl. 23, fig. 1)........... TB.   40   »

PERSONNAGES BOURGUIGNONS ET FRANC-COMTOIS

680 *bis* Bichat, le célèbre physiologiste. Méd. à son
buste de la soc. médicale d'émulation de Paris,
1807. Br. 28 ^{mm}...................... TB.   6   »
681 Brulart (Nic.). chancelier de France et de Navarre.
Méd. ovale et uniface à son buste (*Trésor de
munism.* LIX, 4). Arg. Refrappe. 68 × 56^{mm}.
FDC.   20   »
682 — Autre médaille, s. d. Br. Refrappe. 50^{mm}. FDC.   5   »
683 Cabet, ex député de la Côte-d'Or. 1834. Br. 42^{mm}.
TB.   6   »
684 Courvoisier, garde des sceaux. Méd. de Maire,
1836. Br. 55 ^{mm}................... FDC.   6   »
685 Crébillon (Jolyot de). Méd. de Depaulis, 1818
(Galerie métallique). Br. 41 ^{mm}........ FDC.   4   »
686 Denon. Petite méd. de Galle. Son buste et les
deux figures assises de Medinet Abon (Mill.
296). Arg. et bronze......... ...... FDC. à 5   »
687 — Autre variété. Buste et légende (Mill. 297).
Br................................. TB.   5   »

688 Jeannin (Pierre). Méd. de Gayrard, 1817 (Galerie métallique). Br. 41 mm............ FDC.   4   »

689 Lamartine (A. de). 4 méd. variées de 1848 à son
buste. Br...................... TB.   4   »

689 *bis* — Grand médaillon deDavid d'Angers, 1830.
Cuiv. uniface.................... TB.   20   »

690 Monge (G.). Méd. de Gatteaux, 1822 (Galerie
métallique). Br. 41 mm.............. TB.   4   »

691 Piron (A.). Méd. de Masson, 1817 (Galerie métallique). Br. 41 mm.................. TB.   4   »

691 *bis* Rouget-Delisle. Grand médaillon de David
d'Angers, 1833. Cuiv. uniface. 14 centim. TB.   20   »

692 Saint Bernard. Trois petites méd. religieuses.
Cuiv........   .... TB.   1 50

692 *bis* Travot (g^{al}). Grand médaillon de David
d'Angers, s. d. Cuiv. uniface......... TB.   20   »

693 Vauban (Leprestre de). Méd. de Petit, 1819 (Galerie métallique). Br. 41 mm............ TB.   4   »

Papier-monnaies, billets de confiance, etc.

694 Autun. Billet de confiance de deux sols. 1792.   5   »

695 Avallon. Vingt sols.....................   6   »

696 Beaune. Billets de confiance de 20 et 40 sols et
de 3 livres (août 1791). 3 p...............   20   »

697 — — de 10 et 30 sols (janvier 1792). 2 p......   14   »

698 — 2, 3, 5, 10 et 20 sols, 1793. 5 p...........   25   »

699 Chalon. Caisse patriotique. 2 sous (2 var.) et
3 sous. 3 p.......................   10   »

700 — — Deux et trois sous. 2 p...............   10   »

701 — Bon pour 50 centimes de pain (vers 1871)...   2   »

702 Charolles. Billet de confiance de deux sous.....   4   »

703 Chatillon-les-Dombes. Caisse patriotique. Cinq
sous.........   6   »

704 Dijon. Billets de cinq et quinze sols. 1792. 2 p.   10   »

705 — District. Bon d'échange de 90 livres, 1793...   10   »

706 — Bon pour un franc, 1871.................... 10 »
707 Dôle. Billet de confiance de deux sols six deniers, 1792.................................... 6 »
708 Gray. Billet de deux sols six deniers, 1792...... 6 »
709 Mâcon. Billets de confiance de deux et huit sous. 2 p.................................... 15 »
710 Marcigny-sur-Loire. Billets de secours de cinq et vingt sols. *Très rares*.................. 20 »

Fin.

MACON, PROTAT FRÈRES, IMPRIMEURS

MACON, PROTAT FRÈRES, IMPRIMEURS